MAGIA ACTITUDINAL
PARA LA EDUCACIÓN INCLUSIVA

Guía sobre actitud hacia
la inclusión educativa

☙

Cuento Mago Pintor del arcoíris
de la escuela

Antonio Rodríguez Fuentes

MAGIA ACTITUDINAL
PARA LA EDUCACIÓN INCLUSIVA

Guía sobre actitud hacia
la inclusión educativa

☙

Cuento Mago Pintor del arcoíris
de la escuela

Granada
2024

© ANTONIO RODRÍGUEZ FUENTES
© UNIVERSIDAD DE GRANADA
ISBN: 978-84-338-7440-5 D.L. Gr. 1668-2024
Edita: Editorial Universidad de Granada
        Campus Universitario de Cartuja. Granada
Fotocomposición: M.ª José García Sanchis, Granada
Diseño de cubierta: Tadigra, Granada
Imprime: Printhaus, Bilbao

Printed in Spain   *Impreso en España*

*Audiencia: Todos los públicos, especial
para profesorado, familias y alumnado
de cualquier nivel educativo*

*Para María, mi hija,
su amor por los cuentos ha despertado el mío*

ÍNDICE

PRÓLOGO

El estudio de la literatura, entendida generalmente como manifestación artística, explicitación social-axiológica o lugar de discusión académica, adquiere especial relevancia cuando se sitúa en una dimensión ontológica en la que se concibe como forma de conocimiento. En efecto, la literatura, entre otras muchas cosas probablemente, es una forma de conocimiento; es decir, se puede conocer el mundo a través de la literatura, se puede enseñar el mundo a través de la literatura y –esto es lo más interesante para nosotros– se puede transformar el mundo a través de la literatura.

Es obvio que la transformación de la sociedad ha sido siempre un duro campo de batalla en los designios de la educación entendida como sistema institucionalizado. Y está claro que, en nuestra sociedad actual, se hace imprescindible esa vertiente transformadora en aras de la transversalidad, con elementos cruciales como igualdad de género, salud, sexualidad, paz, medio ambiente, igualdad de oportunidades e inclusión. En este sentido, la literatura, con su especificidad formal y temática, puede ser requerida como un recurso válido para adecuar en ella esa perspectiva transformadora de índole transversal.

Por eso, cuando investigadores de largo recorrido en el ámbito de la pedagogía y la inclusión educativa ponen su punto de mira en la literatura infantil como espacio de trabajo, surgen iniciativas tan necesarias e interesantes como esta de Antonio Rodríguez Fuentes. Con la invitación a la lectura del cuento *Magopintor del arcoíris de la escuela*, se propicia un marco óptimo para que el alumnado reflexione crítica y activamente –a veces de manera directa y otras de forma también eficiente desde la inferencia y la tangencialidad– sobre componentes clave de la inclusión como la raza, la etnia, el género, la religión, la orientación sexual, la discapacidad o, en definitiva, la diversidad.

Tal y como se indica en el propio texto, se trata aquí de una propuesta de trabajo pensada para las familias, el profesorado y el alumnado; pero a la par se aclara que su audiencia es la de todos los públicos, con lo que de algún modo se hace evidente que la corresponsabilidad y el compromiso en este asunto de la inclusión es cosa de todas, es cosa de todos. ¡A seguir en la lucha!

José RIENDA POLO
Escritor y miembro de la Academia de Buenas Letras

INTRODUCCIÓN

Se ha estudiado, investigado, editado y legislado suficiente sobre inclusión educativa y, por extensión, social.
Aunque en menor medida, también sobre las actitudes
favorables hacia ella por parte de docentes, alumnado,
y familiares, que es lo preliminar. Es momento, ya, de
actuar, de pasar a la acción. En esta ocasión, sobre la dimensión actitudinal educativa inclusiva. De ahí la nece-
sidad de crear materiales y estrategias para desarrollar-
la, que sean válidos para la formación inicial y permanente, para programas de formación en centros, y, por
supuesto, para la formación complementaria en aulas y
en hogares concretos. Con esta visión se ha confecciona-
do esta guía que sirve de sustento, justificación y planificación de actividades formativas, cuyo recurso material
es el cuento de "Magopintor del arcoíris de la escuela".
Añádase al tiempo y al espacio que conlleva su puesta
en marcha una dosis extra de entusiasmo, convicción,
sentimiento y esperanza, y el éxito vendrá por añadidu-
ra. Un poco de magia colectiva, como se expresa en el
cuento. Éxito que consiste en una escuela y un mundo
mejor, de colores.

El propósito que ha guiado la construcción de esta
guía y el cuento es eminentemente pedagógico y educativo. En consecuencia, se aporta la visión pedagógico-di-
dáctica del uso de este material en distintos contextos:

centro educativo, familia y comunidad. Como objetivo se explicita la pretensión de desarrollar la actitud más favorable posible hacia la inclusión educativa en los colectivos docentes, discentes y familiar mediante la reflexión colectiva y la escenificación compartida por todos los protagonistas, en formato de obra de teatro, del cuento "Magopintor de arcoíris de la escuela". Los objetivos específicos combinan los tres componentes constituyentes de la actitud y las tres demandas de la inclusión educativa, que son detalladas más adelante en el modelo teórico de "actitud" y de "inclusión educativa", respectivamente, a saber:

—Optimizar la *percepción* de las tres dimensiones de la verdadera inclusión:

  –*Presencia* de alumnado en aulas y centros ordinarios (no específicos), como riqueza de todos y cada uno, derivada de la diversidad social, cultural, funcional, etc.

  –*Participación* de todos de acuerdo con sus posibilidades de acción, expresión y comunicación, incluso con diferentes sistemas de comunicación e interacción.

  –*Progreso* colectivo de todos y de cada uno de los estudiantes, entendiéndose como algo individual que sólo ha de contrastarse con el nivel inicial de partida personal.

—Despertar los *sentimientos* apropiados ante las tres dimensiones de la verdadera inclusión:

  –*Presencia* de alumnado en aulas y centros ordinarios (no específicos), como una cuestión de derecho y de justicia de cada uno a la igualdad de oportunidades y a la equidad.

–*Participación* de todo el alumnado en las actividades con sus compañeros, para su necesaria socialización y enculturación en la comunidad y la sociedad.

–*Progreso* del grupo clase que garantice la necesaria identidad de grupo de cada uno de los alumnos, y la prestación de ayuda y apoyo funcional frente a la inútil pena y condescendencia.

—Potenciar la *predisposición* para las tres dimensiones de la verdadera inclusión:

–*Presencia* de todo el alumnado en aulas y centros ordinarios (no específicos), con la búsqueda y adaptación de espacios y recursos que la posibiliten.

–*Participación* de todos mediante la configuración de las programaciones curriculares basadas en el Diseño Universal de Aprendizaje.

–*Progreso* personalizado mediante el diseño abierto y desarrollo flexible del currículum y, en su caso, las adaptaciones curriculares complementarias.

En efecto, esta monografía hunde su sustento pedagógico-didáctico en el Aprendizaje Basado en Cuentos (ABC). Un incomparable escenario y sendero hacia el más significativo y divertido aprendizaje. Incluso, para la ardua labor de la educación en valores y actitudes. Un método del que sólo se han vertido excelentes críticas por su captación atencional absoluta. Captación responsable de la conducción al aprendiente hacia el auténtico estado *flow*, donde se armoniza y confluyen el cuerpo, la mente y el alma, en una suerte de pérdida total de la noción del tiempo.

Mediante una metodología colaborativa, que implique a todos los agentes de los distintos contextos, especialmente la triada de los agentes educativos escolares (docentes, discentes y familiares), se recomienda la secuencia didáctica en el siguiente decálogo de sesiones de, aproximadamente, una hora de duración:

1. Lectura conjunta del cuento Magopintor y comentario de texto, en clase de Lengua y Literatura, preferentemente, con la supervisión y planificación del docente para que todos participen de la lectura, para lo cual puede contarse con la ayuda del docente de apoyo dentro del aula.

2. Lectura del cuento Magopintor, con la participación de todos y la reflexión conjunta por escrito, centrada en los sentimientos. También lectura familiar en casa. Para ello se puede contar con las orientaciones del experto en orientación educativa, adscrito al centro, quien recogerá las reflexiones elaboradas y hará un informe sencillo final a modo de conclusiones manifestadas.

3. Lectura individual comprensiva del cuento Magopintor, centrada en su contenido y valores, acompañada de una reflexión escrita esta vez individual de los alumnos y de sus progenitores, que se entregarán al profesor de Educación en Valores Cívicos y Éticos, quien hará, igualmente, una sencilla memoria final de síntesis.

4. Puesta en común de las reflexiones grupales e individuales en sesión plenaria con la participación de docentes, familiares y estudiantes. En caso de falta de voluntarios se podrá dar lectura anónima a las reflexiones recogidas e informes concluyentes de los docentes. Se reservará un espacio final a concluir sobre *percepciones, sentimientos* y *predisposición* en torno a la *presencia, participación* y *progreso* de todo el alumnado de una clase.

5. Aprobación y compromiso de todas las partes para la escenificación del cuento Magopintor, mediante una obra de teatro. Descripción de los requerimientos y puesta en escena. Alternativa o complementariamente puede reproducirse en otros formatos, como grabaciones, cortometraje, *Visual Thinking*, *Role Playing*, videojuego, etc.

6. Designación de personajes del cuento Magopintor, así como del director principal de la obra de teatro. Este puede ser el docente del área de Educación Plástica, Visual y Audiovisual, donde se realice el reparto y montaje de la obra. También se puede realizar un ensayo inicial.

7. En el área de Educación Física, en el patio, escenario donde tiene lugar el cuento, se hará un nuevo ensayo contextualizado de la obra. El docente de esta área prestará atención a los movimientos, expresiones y coreografías de cada personaje.

8. Ensayos de consolidación en casa, en colaboración con las familias, y bajo las directrices de los directores y supervisores de la obra. Padres y madres supervisarán el dominio del papel de sus hijos.

9. Puesta en escena final de la obra, abierta a todo el público, para expandir la filosofía de la inclusión educativa, extrapolándola a la inclusión social de todas las personas en la sociedad plural.

10. Reflexión conjunta de todos los agentes implicados en la obra, directa e indirectamente, a partir de la cual se puede llegar a conclusiones finales y propuestas en pro de la inclusión educativa para desarrollar en el centro y contexto. Puede ayudarse de la visualización de sesiones de grabaciones de la obra y de tomas falsas de la misma.

En las clases universitarias de Grados en diferentes titulaciones de educación y pedagogía es recomendable adaptar esta experiencia para culminar igualmente con la reproducción en el formato de obra de teatro o similar. Incluso, se aconseja pedirles que adapten el cuento a sus respectivos países y, en lugar de emplear los memorándums internacionales, que empleen las leyes de su panorama nacional, concretándolo a su contexto. O se les puede indicar que lo apliquen especialmente en los centros educativos, durante sus periodos de prácticas de carrera.

Como cualquier otra, esta actividad será sometida a evaluación. La evaluación debe ser formativa, auténtica y continua, en todos los casos. Se evaluarán de manera cualitativa las actitudes iniciales hacia la inclusión a través de los comentarios, compromisos, motivaciones, disposiciones y comportamientos mostrados en la presentación del cuento y lectura inicial, y la propuesta de transformación en obra teatral.

El proceso será esencial y la evaluación desarrollada durante el mismo estará orientada al aprendizaje con objeto de mejorarlo en todo momento. Cualquier conflicto o situación que surja ha de ser tomado como oportunidad para estimular un aprendizaje contextualizado y significativo. Los informes recopilados se tomarán en consideración para debates, seminarios, ponencias y paneles de expertos que impulsen un desarrollo actitudinal adecuado.

Al final, tanto en la actuación teatral como en la sesión de reflexión de cierre, se prestará atención a los reconocimientos, comentarios, conductas, colaboraciones y cualquier otro indicio o particularidad que informe sobre los progresos conseguidos como grupo de compañeros y como familias. Se pueden plantear preguntas y propuestas de prospectiva en la sesión final que permitan concluir sobre la eficiencia del proyecto.

A continuación, se sustenta y argumenta la trascendencia de las dimensiones parciales ("actitud" e "inclusión educativa") y global ("actitud hacia la inclusión educativa") que se trabajan en el cuento, así como sus modelos teóricos descriptivos consolidados para la optimización de las anteriores dimensiones.

PARTE I

GUÍA SOBRE ACTITUD
HACIA LA INCLUSIÓN EDUCATIVA

Los pilares fundamentales de esta obra son la actitud, la educación inclusiva y la combinación de ambas. A su exaltación y dilucidación se dedican los apartados siguientes.

LA ACTITUD COMO PRELUDIO VINCULANTE DE LA ACCIÓN: "QUERER ES PODER"

Son muchas las definiciones propuestas para la actitud. Existen diversos modelos teóricos sobre ella y sus componentes constituyentes. En esta ocasión, se aboga por un modelo multidimensional del complejo constructo de la actitud, cuyo desglose de factores se perfila más adelante, pero que se vislumbra en el título de este apartado. Se trata de la combinación de creencias, percepciones, conocimientos, opiniones, ideas, sentimientos, emociones, motivaciones, intereses, tendencias y predisposiciones ante un determinado objeto, escenario, sujeto, colectivo, institución o fenómeno.

Está claro que la actitud es aquello que no se ve, ni se oye, ni se toca, pero sí se percibe porque determina la acción y es responsable de lo que cada uno interpreta ante aquello que se ve, se oye y se toca. Es la antesala perceptiva, emocional y preconductual del cerebro, por donde se filtra todo lo que sale (conducta y comportamiento) y entra (interpretación y aprendizaje), dado el funcionamiento global (emocional-cognitivo) que tiene el cerebro. Actitud y acción son las dos caras de la conducta. Por tanto, el alcance del componente actitudinal del cerebro está fuera de toda duda. Una actitud adecuada es, posiblemente, el mejor augurio de una actuación adecuada y, por ende, del éxito.

Sin embargo, en las propuestas formativas, regladas o no regladas, iniciales o permanentes, generales o específicas, se sigue priorizando el componente competencial (de adquisición y desarrollo de competencias), en perjuicio del actitudinal (que actúa de filtro del anterior). En definitiva, en el terreno educativo, aunque algo se "conozca" y "sepa" y, es más, se "sepa hacer", no se hará bien hasta que no se "quiera hacer". Y el "querer hacer", incluso, estimula el conocimiento y competencia para "poder hacer". De ahí que las enseñanzas se hayan estructurado en torno a los 3 tipos de saberes complementarios: conceptos, procedimientos y actitudes.

Reconocida la importancia y trascendencia de la actitud, procede su estudio y, en su caso, su optimización. Hecho por el cual se han de poner en valor las famosas escalas de medición tipo Likert, que surgieron, precisamente, como diseño para la cuantificación actitudinal (Likert, 1932). Su uso se ha extendido, desde entonces, para la indagación de opiniones, de contraste, de conocimientos, etc., aunque sigue empleándose para la medición actitudinal de fenómenos específicos. No obstante, la medición actitudinal comenzó antes, con las pruebas también conocidas de Thurstone (1928).

Tanto para medir como para desarrollar la actitud se ha de descomponer en sus componentes o dimensiones constituyentes, cuya identificación data de 1960 (Rosenberg y Hovland, 1960), a saber (Figura 1):

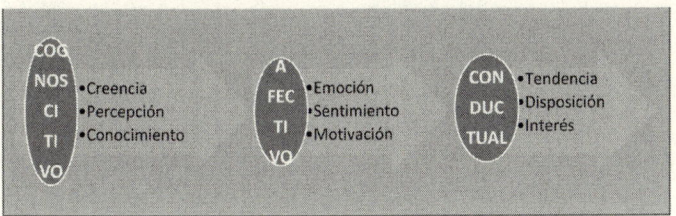

Figura 1. Componentes constituyentes de la actitud
(extraído de Rosenberg y Hovland, 1960)

- Componente cognoscitivo. Se trata del conjunto de todas las creencias, las percepciones, los conocimientos y las ideas que se tienen sobre un objeto, sujeto, colectivo, escenario, institución o fenómeno al que refiere la actitud. Si no se conoce nada sobre un elemento no se puede tener siquiera conciencia de su existencia; por tanto, no se puede tener una actitud sobre ello. La cuestión problemática de este componente para su incidencia en la actitud es cuando se posee un conocimiento insuficiente, sesgado, impreciso, equivocado. De ahí, la importancia de medir este componente y de su consecuente optimización, mediante la (in)formación adecuada.

- Componente afectivo. Consiste en el conjunto de las emociones, los sentimientos y las motivaciones experimentadas en la persona por un objeto, sujeto, colectivo, escenario, institución o fenómeno. Durante mucho tiempo, ha sido el componente único o por excelencia de la actitud (Thurstone, 1928). Hasta que Stahlberg y Frey (1990) advierten del desatino de restringir la complejidad de la actitud a la afectividad, pues la reacción afectiva por sí solo no contempla las creencias

y la predisposición. Y apuesta por esta composi-
ción mutidimensional de Rosenberg y Hovland.
Aunque se asume su prevalencia, dado que el
cambio afectivo por sí solo influye, a su vez, en
los demás componentes, y, por extensión, determina un cambio también en la actitud global. Es
tremendamente efectiva la valoración y modificación afectiva para el descubrimiento y la transformación actitudinal.

- Componente conductual. Refiere a la tendencia,
  la predisposición y el interés hacía la acción ante
  un objeto, sujeto, colectivo, escenario, institución
  o fenómeno. Su correlación con la conducta y el
  comportamiento es alta, por lo que se convierte
  en un gran predictor de la misma, aunque intervienen otros componentes intrínsecos, como la
  personalidad y la motivación, y también extrínse-
  cos, como el ambiente y la interaccion.

A diferencia de la actitud, los anteriores elementos
son susceptibles de evaluación e investigación, así como
de tratamiento y desarrollo. Luego, en ellos está la clave
del trabajo actitudinal. Nótese que el cuento, que acom-
paña a esta guía, incluye:

a) Ajustar y optimizar la percepción (sobre la diversidad
de personas como realidad tan incuestionable como rica).

b) Despertar y consolidar sentimientos (ante la igualdad de oportunidades o equidad).

c) Animar y compartir la predisposición (hacia comportamientos pro inclusivos) de cada uno como ciudadanos "mágicos" del engranaje social en general y educativo
en particular, para la propia mejora socioeducativa.

En suma, cabe concluir este epígrafe afirmando que la actitud es previa a la acción y determinante de ella: "querer es poder". Porque quien quiere busca el camino y quien no quiere busca la excusa. Y porque quien está convencido de hacer y lograr algo, ya ha dado un gran paso hacia el éxito. Por su relevancia, conviene concluir que la actitud se puede crear y se puede transformar, a través de sus componentes. Y es loable hacerlo cuando se desea crear y transformar en el sentido de lo que la sociedad y sus instituciones necesiten para construir un mundo mejor. Difiere, por tanto, de la manipulación, por cuanto no se trata de intereses particulares ni de comportamientos pretendidos, sino de una visión colectiva de un mundo mejor, sin persuasión de acciones específicas.

La inclusión socioeducativa como meta loable: "incluir es convivir"

Se ha titulado inclusión socioeducativa en general porque desde la inclusión educativa es la única vía para construir, y no imponer, la inclusión social real y de sus instituciones. Ahora bien, recursos como el que se presenta en esta ocasión para centros escolares y hogares familiares pueden ser, también, aplicados en otros centros educativos extraescolares de educación no formal o de enseñanza universitaria, e incluso en asociaciones y empresas en donde sus protagonistas sean educadores, usuarios, compañeros de trabajo, políticos, empresarios, inspectores de trabajo, etc. En cualquier escenario sociolaboral, de ocio, etc. donde sea necesario crear o mejorar un clima de convivencia y contexto inclusivo de personas diversas.

Pero la decisión de contextualizar el cuento y su tratamiento en el ámbito educativo escolar se debe, en parte, a la especialización propia y, en otra parte, al convencimiento de la trascendencia de la inclusión educativa. Trascendencia para la propia educación, con el fin de conseguir que sea más justa, equitativa y auténtica. Y trascendente, también, para contribuir a una sociedad mejor, más justa, equitativa y auténtica. Una vez se consiga una educación totalmente inclusiva no cabrá hablar de inclusión social sino de convivencia democrática.

Para comprender el concepto y modelo de inclusión educativa hay que recurrir a dos movimientos precedentes y uno precursor. Los precedentes antagónicos de la inclusión educativa fueron, primero, la *exclusión escolar* de niños con discapacidades y trastornos durante la mayor parte de la historia de la humanidad. Seguidamente, la *segregación escolar* en instituciones educativas especializadas, hasta bien pasada la mitad del siglo pasado, y que, incluso, sigue coexistiendo en la actualidad. Por otro lado, planteado como innovación didáctica, el movimiento precursor o introductorio de la inclusión fue la *integración escolar* de ciertos alumnos con discapacidades y trastornos a en centros ordinarios (y sin derecho a continuar), que se comenzó a ensayar durante la segunda mitad del siglo XX.

En definitiva, la correcta actitud hacia la educación inclusiva es la que reconoce como pasadas y asincrónicas las modalidades de escolarización anteriores y considera la inclusión como la única opción síncrona, justa y equitativa. Y para su logro, contempla todas las medidas para hacerla efectiva: adaptaciones curriculares y Diseño Universal de Aprendizaje (DUA), con el propósito de eliminar todas las Barreras de Aprendizaje y Participación (BAP) y cubrir todas las Necesidades Educativas Especiales (NEE), tal cual se refleja en el gráfico siguiente.

ESCOLARIZACIÓN   Y   EDUCACIÓN

NEUROMITOS		INCLUSIÓN		NEUROEDUCACIÓN
	Ausencia de currículo		DUA (salvar BAP)	
	EXCLUSIÓN EDUCATIVA por ineducabilidad		EDUCACIÓN INCLUSIVA por derecho/justicia	
	SEGREGACIÓN EDUCATIVA por discapacidades		EDUCACIÓN INCLUSIVA por favor/innovación	
	Currículo diversificado		AC (cubrir NEE)	

Figura 2. Pasado y presente de la Educación Inclusiva con sus medidas para llevarla a efecto

La realidad actual, al menos en su apuesta científica y normativa, se representa por la inclusión educativa, consistente en que todos los alumnos compartan la escolarización en aulas y centros ordinarios, como derecho. De tal manera, que sólo excepcionalmente y si la evaluación psicopedagógica lo aconseja podrán escolarizarse en aulas y centros específicos. Y esta apuesta cuenta ya con varias décadas del siglo pasado y, por supuesto, las del presente. En el propio cuento se refleja cómo en 1994 se celebró una convención internacional en Salamanca (España) donde se acordó este modelo de *escuela inclusiva mundial*, lo cual sigue siendo uno de los Objetivos de Desarrollo Sostenible (ODS) de la Agenda 2030 de las Naciones Unidas (ONU).

El modelo supone una apuesta decidida por el avance de la propuesta anterior de integración escolar como ensayo escolar o innovación, hasta la normalización, como modelo pedagógico y derecho. Conscientes del gran paso que suponía, se vislumbró la posibilidad de su implantación paulatina, con combinaciones intermedias de escolarización. La modalidad ideal es la del aula escolar en centro de su zona, con todos sus compañeros e iguales. De ahí, que pasara a denominarse *aulas o centros ordinarios o regulares*, en contraposición a las aulas y centros especiales. Pero se planteó la pertinencia de que algunos alumnos pudieran recibir apoyos específicos puntuales en otras aulas a las que se denominó *aulas de apoyo*, intentando que se fueran incorporando cada vez más esos apoyos en el aula ordinaria y menos en las de apoyo. Y, solamente con carácter excepcional y temporal, cuando resultara totalmente imposible en aquel momento las opciones anteriores, se recogía la posibilidad de escolarización en las denominadas *aulas especiales o específicas* dentro del centro ordinario. Y, de manera aún más excepcional, en *centros específicos*, cuya tendencia es su transformación en centros de recursos educativos (y no de escolarización) para apoyar a los centros ordinarios. Más recientemente, se contempla, la *modalidad combinada en centros específicos y ordinarios*.

Para que pueda llevarse a cabo la educación inclusiva, se han de reunir ciertas demandas por parte de los centros y sus docentes. Existen recursos estandarizados para apreciar y promover el potencial de inclusividad educativa de los centros educativos, como el *Index for Inclusion* (Booth y Ainscown, 2011), sobre el potencial institucional para hacer frente a los requerimientos de la inclusión y dar respuestas a las NEE. También puede apreciarse la *Guía de Puntos de Verificación DUA*, auspiciado por la Unión Europea (CED, 2021). Lamentablemente, no existen instrumentos análogos al anterior, específicos para valorar el potencial del componente actitudinal de los agentes educativos de los centros; aunque sí existen algunas escalas genéricas de medición actitudinal inclusiva de docentes (Rodríguez *et al.*, 2021).

Paralelo a lo anterior, se consolida el concepto de NEE. Concepto bien acogido por la comunidad interna-

cional tras su nacimiento en 1978 en el *Informe Warnock*.
Se trata de un concepto trascendente que pone el énfasis
en los apoyos requeridos por el alumnado y no en el dé-
ficits o discapacidad del mismo, tal como se ha incluido
en este documento y en el cuento. Es decir, pone al alumnado y al contexto en el foco de atención, lo que implica
que alumnos con idéntica (dis)capacidad puedan presentar NEE diferentes y particulares. Y supone, por tanto,
que se requiera una evaluación psicopedagógica para
cada alumno con NEE, con objeto de identificar, precisamente, esas NEE y su tratamiento educativo. Luego, en el
primer plano, está el estudiante, su contexto y sus NEE,
y, en un segundo plano, la discapacidad, trastorno, depri-
vación o desigualdad que pudiera presentar.

La Organización Mundial de la Salud (OMS) viene
recogiendo estas circunstancias desde 1893, actualizadas
en su versión de la *Clasificación Internacional de Enfermedades (CIE)* de 2022 (CIE-11). Igualmente, la *Asociación de
Psiquiatría Americana (APA)*, desde 1950 elabora *el Manual
de Diagnóstico de los Trastornos Mentales 5-Versión revisada
(DSM V-TR)*, actualizado en 2022. Además, la Convención
Internacional de las Naciones Unidas sobre los Derechos
de las Personas con Discapacidad (CDPD), de 2006, reconoce impedimentos a largo plazo de tipo físico, mental,
intelectual y sensorial en estas personas. Así como su re-
querimiento y derecho a los ajustes razonables, el diseño
universal (DU), la igualdad de oportunidades; a la vez
que la lucha contra los prejuicios, los estereotipos y la
discriminación. Todo ello como estímulo para el acceso
íntegro a la sociedad y su independencia máxima en la
misma. En su artículo 24 concreta el derecho a una educación gratuita, incluyente y de calidad, dotada de las
instalaciones razonables y apoyos individualizados para
estudiantado con discapacidad.

Recientemente, se ha añadido al anterior concepto de NEE el de BAP, que detraen la responsabilidad del sujeto (alumnado) en los problemas de aprendizaje para fijarla en el contexto (aula y centro) (Barton, 2006). Se concibe la discapacidad como un constructo social que la genera. Así, la persona que va en silla de ruedas no tendría mayor problema si no existieran las escaleras y sí los ascensores. Ídem con las personas que se comunican mediante la lengua de signos si todos lo hiciéramos así. En cualquier caso, hay que (re)pensar cómo quedan las personas con discapacidades ante una nueva creación, para que no resulten discriminadas. Un ejemplo actual es el de la brecha digital de las Tecnologías de la Información y la Comunicación (TIC) para determinados colectivos de usuarios. Algunas dimensiones e invenciones se contemplan como axiomas y no se cuestiona la usabilidad universal de todas las personas. Y no siempre es lo recomendable y adecuado. Se reclama identificar, minimizar, mitigar y erradicar esas BAP, a veces ni siquiera contempladas como tal, para que no afecten a nadie en el aula, en su centro y en su contexto, o bien para que impacten lo menos posible. Por ejemplo, la propias TIC, desde su creación, deben ser configuradas para su empleo potencial integral por cualquier usuario. O los propios diseños arquitectónicos: deben ser configurados como universalmente accesibles. Lo cual ha sido denominado Diseño Universal que, como se verá más adelante, ha permeado en el terreno educativo.

Para atender en el ámbito educativo a la diversidad de necesidades y la neurodiversidad se han propuesto medidas ordinarias y extraordinarias: organizativas y, sobre todo, curriculares de atención a la diversidad (Gallego y Rodríguez, 2016) que van desde el refuerzo educativo a la modificación curricular. A esta última se le ha denominado adaptaciones o adecuaciones curriculares, y su importancia para la respuesta a las NEE está fuera de toda duda. Distintas modalidades y gradaciones responden a las diferentes intensidades de NEE. Desde adaptaciones de acceso al currículo (AAC), que varían exclusivamente el modo de acceder a la información que presenta el docente y la estimulación curricular, hasta adaptaciones curriculares, propiamente dichas, de aula, centro y contexto, así como significativas (ACS) o individualizadas (ACI), que afectan a los elementos propios del currículo (objetivos, contenidos, competencias, métodos, y evaluación).

Por otro lado, con el propósito de reducir las anteriores BAP se ha creado más recientemente el DUA, derivado del Diseño Universal general desde un punto de vista arquitectónico , arriba referido. Generado por el grupo Centro de Tecnologías Especiales de Apoyo (CAST, 2008), aboga por una inclusión real donde tengan cabida todas las capacidades físicas, motrices, visuales, auditivas, cognitivas y emocionales (Villaescusa, 2021). El *curriculum* y el proceso didáctico mediante la metodología DUA, deben de proporcionar múltiples formas y opciones para ser universalmente accesible para todo el estudiantado. Desde su primera versión 1.0 (CAST, 2008) ha ido evolucionado para ganar en aplicabilidad y pertinencia, pasando por la versión 2.0 (CAST, 2011), 2.1 (CAST, 2014) y la versión 2.2 (CAST, 2018), hasta llegar a la actual versión 3.0 (CAST, 2024). Esta última redefine los 3 principios de actuación DUA de la siguiente manera:

a) *Diseño de múltiples medidas de compromiso*, para captar la máxima motivación e implicación de todos (diversas formas para captar el interés inicial, para mante-

ner el esfuerzo y persistencia y para la autorregula-
ción de la motivación y dedicación), lo que implica
a las redes afectivas del cerebro del aprendiz).

b) *Diseño de múltiples medidas de representación*, de la información objeto de conocimiento (diversidad de
percepciones, de lenguajes y símbolos y de comprensión), lo que implica a las redes de reconocimiento del aprendiz).

c) *Diseño de múltiples medidas de acción y expresión* de
lo aprendido o para aprenderlo (diversidad de
acceso físico, para la expresión y comunicación y
para las funciones ejecutivas), lo que involucra a
las redes estratégicas cerebrales, de tal suerte que
todos los estudiantes puedan encontrar su lugar
y participación dentro de la diversificación de las
anteriores dimensiones.

La diversificación, flexibilidad y optatividad del acceso
a la información y tratamiento de la misma es el punto de
partida, como garante de la igualdad de oportunidad y la
equidad. Ello no sólo posibilita el acceso de cada alumno a
la información por los canales que le permita su condición
personal, sino que propicia la integración multisensorial
de aquellos otros cuya condición personal se lo permita.
Es, por tanto, en definitiva, dotar de una mayor calidad a
la educación para todos, contemplando la evidencia de
la neurodiversidad y la neurodivergencia del alumnado,
sustentadas en la neuroeducación y neurociencia (Rodríguez *et al.*, 2024).

No obstante, si bien es justo reconocer los avances al-
canzados durante las décadas señaladas, no lo es menos
admitir que aún queda mucho más por conseguir. En
efecto, la realidad dista aún lo suficiente de ser conside-
rada inclusiva, por lo que se justifica la creación de mate-

riales y estrategias como el recurso que aquí se presenta (cuento) para la optimización actitudinal y no solo competencial. Y esta apreciación podría considerarse acontextual, por cuanto en la totalidad de los contextos se están desarrollando políticas inclusivas para su optimización. De ahí, que haya sido planteado como uno de los ODS en 2015 (el cuarto), para la Agenda 2030 de las Naciones Unidas (ONU), que se trató específicamente en 2016 en la *Declaración de Incheon y Marco de acción para la realización del ODS número 4*: "Garantizar una educación inclusiva y equitativa de calidad y promover el aprendizaje permanente para todos". La trascendencia de este aspecto de la ONU ha hecho que se haya recogido en el cuento, junto con otros avances logrados en políticas educativas inclusivas mundiales, por otras asociaciones y organismos internacionales, como las conocidas Organización de las Naciones Unidas para la Educación, la Ciencia y la Cultura (UNESCO) y Organización para la Cooperación y el Desarrollo Económicos (OCDE).

Al igual que la actitud, la inclusión es un constructo complejo y abstracto que se debe desmembrar en subcomponentes mensurables para su apreciación, valoración y optimización. Se asume en este punto, por su simplicidad a la vez que su pertinencia, la teoría de las tres "P" sobre la materialización de la inclusión educativa en los centros (Figura 2), propuesta por Ainscow *et al.* (2006):

- Presencia: supone incorporar a todo el alumnado por franjas etarias en las mismas aulas. Sólo la edad decide en qué clase se escolarizarán, no la condición ni la conveniencia. Y no debiera haber clases aparte creadas por tales motivos, salvo, en todo caso, clases puntuales de apoyo para compartir el currículum.

- Participación: mediante diferentes formas de representación, expresión y acción debe garantizarse que todos los estudiantes de clase puedan actuar e interactuar en el aula. El DUA, antes descrito, es un buen modelo para propiciar este principio pro inclusivo.

- Progreso: se refiere a que todos los alumnos deben avanzar en sus conocimientos, destrezas y competencias, pero no todos al mismo ritmo y momento, ni con los mismos recursos y actividades. Al contrario, se trata de un aprendizaje, desarrollo y progreso personalizados.

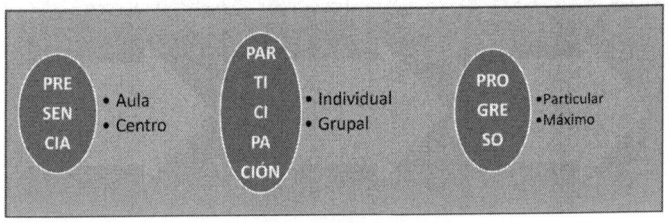

Figura 3. Requisitos de la inclusión educativa
(extraído de Ainscow et al., 2006)

La actitud hacia la Inclusión Educativa, prerrequisito para su logro: se puede, ¡adelante!

Quizá, más que actitud en singular, cabría aludir a actitudes en plural, como un conjunto de ellas. Porque implica muchos aspectos y porque cada sujeto presentará una actitud final individual. Se trata, pues, de conseguir la actitud óptima para cada aspecto, aun con diferencias para cada uno, y la actitud óptima en cada sujeto, aun con diferencias evidentes entre ellos.

En todo caso, la actitud favorable hacia la inclusión educativa es básica para la inclusión educativa propiamente y no se consigue de manera automática, tal y como se ha adelantado sobre la actitud en general. Tras la actitud favorable, obviamente se requieren bastantes más demandas: recursos, competencias, estrategias, actividades, métodos, etc. Pero con la actitud adecuada se está en las mejores condiciones para emplearlos con garantías e incluso para buscarlos, solicitarlos, crearlos, adaptarlos, etc., en caso necesario.

El lado opuesto es manifiesto. Aunque se cuente con todos los elementos anteriores, si no se cuenta con la actitud idónea no se emplearán de manera adecuada. Y mucho menos aún buscarlos, solicitarlos, adaptarlos, crearlos, etc. Simplemente, la falta de ellos justificará la inacción por parte del agente educativo para usarlos.

Algunas experiencias de investigación han puesto de manifiesto que la actitud hacia la inclusión educativa es mejorable (Gallego y Rodríguez, 2021; Rodríguez y Caurcel, 2020; Rodríguez *et al.*, 2021a; 2021b). No siempre es la adecuada, no siempre es la máxima. Existen, a menudo, actitudes contrarias o desfavorables sobre la inclusión, por muy diversas razones: por la incuestionable complejidad manifiesta de su puesta en práctica, por la alta demanda de todos los profesionales, por la sobrevalorada competitividad inherente en las instituciones, o por su falta de eficiencia demostrada en ocasiones, entre otras.

Pero su puesta en marcha y horizonte justifican sobradamente el tremendo esfuerzo para optimizar la socialización de todos en una sociedad para todos. Exacto, así es, de todos y para todos. Y todos deben ser convocados para optimizar su actitud hacia la inclusión educativa. Tal mejoramiento depende del desarrollo de sus dimensiones constituyentes, según los modelos referenciados en los apartados anteriores (Figura 4).

Percepción de la:	Sentimiento de:	Predisposición hacia la:
■	■	■
☐ Presencia	☐ Presencia	☐ Presencia
☐ Participación	☐ Participación	☐ Participación
☐ Progreso	☐ Progreso	☐ Progreso

Figura 4. Dimensiones de evaluación e intervención de la Actitud hacia la Inclusión educativa. Combinado de Rosenberg y Hovland (1960) y Ainscow et al. (2006)

En el caso del cuento, todos los agentes educativos intervienen: docentes y estudiantes en el ámbito escolar y progenitores e hijos en el ámbito familiar. Es un aspecto fundamental, pues nada se consigue si coexisten actitudes diferentes en distintos contextos. O peor aún, se consigue un conflicto que conlleva al alumnado a buscar una solución quizá fuera de estas dos instituciones. Por ello, es propósito de este recurso que todos lean, reflexionen y vivifiquen conjuntamente los valores de la inclusión educativa.

Para llegar al máximo de la consecución anterior, no sólo se acude en el cuento a los organismos internaciones y la celebración de sus convenciones y publicación de sus memorándums, sino que se acude a otros superhéroes famosos para captar la motivación de todos y a personajes famosos de la historia y del presente que padecen alguna discapacidad y trastorno, y que, pese a ello, han destacado y triunfado en sus vidas profesionales y personales. Es tal vez, una forma de luchar contra los nocivos prejuicios y estigmas sobre personas con discapacidades y trastornos, y de presentar referentes de lo que cada uno pueda construir y conseguir consigo mismo. Como afirmara el padre de la neurociencia moderna y premio Nobel, Santiago Ramón y Cajal: "todo ser humano, si se

lo propone, puede ser escultor de su propio cerebro, si
se lo propone". Hay que cultivar nuestro cerebro, como
dicen los neurocientíficos. Es la magia interior que cada
mago superhéroe del cuento es capaz de explotar con su
talento o "color" característico, empleando la terminolo-
gía que aparece en el cuento.

Mucho se consigue tras un sueño, una vocación y una
voluntad, y se convierte en todo si además es colectivo.
Éste es el mensaje que transmite el cuento y que trata de
vivificar en todos los agentes educativos escolares (educadores, familiares, y compañeros). Y todos los ingredien-
tes anteriores del logro están tremendamente vinculados
con la actitud; si se trata del sueño de la inclusión educativa con la actitud hacia ella.

En definitiva, es urgente completar la inclusión educativa total (para todos), como imperativo de la Agenda
2030. Y es preliminar fomentar las actitudes adecuadas
hacia ella; en algunos casos, por modificación de las
previas, en otros casos, por consolidación de las mismas.
Y ello con fundamento en sus elementos constituyentes,
anteriormente explicitados. Por supuesto, no es tarea
baladí, pero es posible hacerlo, mediante estrategias diversas. Entre ellas con el uso del cuento como recurso
pedagógico y didáctico. Así ha sido demostrado en la
investigación pedagógica, como ponen de manifiesto
Belmonte et al. (2023) en su artículo científico titulado
"cuentos para la Inclusión y el cambio de actitudes hacia
la diversidad".

Parte II

CUENTO MAGO PINTOR DEL ARCOÍRIS DE LA ESCUELA

Síntesis del cuento

El patio de una escuela de repente se ve inundado durante el recreo por un tremendo arcoíris. Los estudiantes dejan de jugar por un momento, que, en realidad, duraría el tiempo del recreo. Nadie podía dejar de mirar ese milagro de la naturaleza. Nada volvería a ser igual que antes. Primero, un estudiante, Magopintor, y, después, otros muchos se convierten en magos de colores. Entonces, les surge el deseo de proponer mejoras para lograr una escuela inclusiva y con oportunidades para todos por igual. Una escuela de todos los colores. Para conseguirlo, dirigen sus esfuerzos a detectar y eliminar las "barreras" que encuentran en el día a día algunos de sus compañeros. Sin saberlo, están descubriendo y suprimiendo las llamadas Barreras para el Aprendizaje y la Participación (BAP). Además, apoyan a quienes lo precisan, dentro y fuera del aula, cubriendo sus Necesidades Educativas Especiales (NEE). Los magos van creciendo no sólo en edad sino también en poder. Su misión se extiende a la sociedad, contagiando a sus familias, comunidad, ciencia e instituciones (OMS, ONU, UNESCO, OCDE, etc.), para avanzar en políticas y acciones cada vez más inclusivas. Es una emotiva y divertida historia de superación social, ejemplo y colaboración para un mundo mejor. A lo largo

de la trama, se mezclan de forma inductiva acciones coti-
dianas de inclusión (como por ejemplo, indicaciones en
Braille y accesos universales) con políticas y memorándums internacionales (como el Informe Warnock de Necesidades Educativas Especiales de 1978, la Declaración
de Salamanca de Educación Inclusiva de 1994, o los Objetivos de Desarrollo Sostenible acordados en 2015 para
la Agenda 2030). En una suerte de sueño de ficción, todo
se impregna de colorido mágico gracias a la unión de los
superpoderes de los magos y superhéroes de esta historia,
la cual deja de ser soñada para transformarse en realidad,
como solo los magos saben hacer, o, quizás, no sólo ellos.

Mago Pintor del arcoíris de la escuela

En un lugar del planeta Tierra, llamado Escuela, en
su patio del recreo, apareció un enorme arcoíris de in-
finititos colores que tiñó todo de múltiple diversidad de
colores. Cada estudiante se veía de un color, ninguno
igual al otro. Todos dejaron de jugar por un instante,
que, en realidad, duró todo el recreo. Nadie podía dejar
de admirar este milagro de la naturaleza. Nada volvería
a ser como antes.

Figura 5. Escuela Planeta

Normalmente, primero llueve y luego sale el arcoíris en el horizonte, pero esta vez sucedió lo contrario. Por eso fue un momento mágico. En realidad, no fue lluvia, sino nieve. Y también fue mágica, no cayó con fuerza ni fue molesta. Sus copos gruesos, suaves y transparentes parecían trocitos de nube que descendían del cielo.

Conforme atravesaban el arcoíris se tintaban cada uno con un colorido único e irrepetible. Fue un proceso lento y precioso, igualmente mágico, que terminaba cuando cada copo de nieve caía sobre cada estudiante que, en vez de mojarse, veía cómo su piel la absorbía tornándose de un color único e irrepetible.

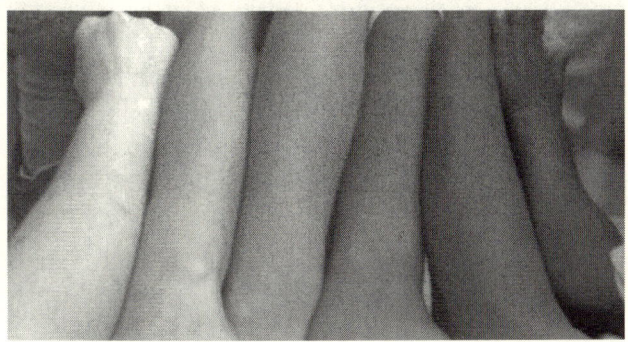

Figura 6. Arcoíris de la diversidad humana

En realidad, le atravesaba la magia, como cuando la araña picó a Spiderman, otorgándole sus poderes. Y así ocurrió la conversión de todos en magos. Primero, uno de los estudiantes y, después, otros más se fueron convirtiendo en Magos del arcoíris de colores. Y les inundó el deseo de luchar para que su escuela fuera la más inclusiva, para todos los alumnos por igual, de todos los colores. ¡Esa era su misión!

Y así fue como, por arte de la magia del arcoíris, nació el mayor superhéroe de los tiempos. Pronto, todos le admiraban como el gran mago que era: el mago de la inclusión, porque proyectaba un mundo multicolor, equitativo, rico y divertido, donde todos los colores fuesen necesarios y ninguno rechazado. Un mundo en el que se crearan nuevas tonalidades mediante su unión y combinación, haciéndose más rico, divertido e infinito a la vez.

Se trataba del mago de los colores de la diversidad o Magopintor (como fue bautizado en el libro secreto de los superhéroes), aunque, realmente, se llamaba Enrique.

Pero en este sueño, ni los nombres ni otras cosas superficiales contaban, sólo se tenía en cuenta a la persona, su esencia y competencia. No importaba el color de pelo, ojos, piel o uñas sino el de la sensibilidad, las emociones, los sentimientos y los deseos de cada persona.

Magopintor no conocía el *Manual de trastornos mentales* (DSM), que la Asociación Americana de Psiquiatría (APA) venía actualizando desde 1950, siendo la más reciente de 2022 (DSM V-TR). Tampoco, la Clasificación Internacional de Enfermedades (CIE) de la Organización Mundial de la Salud (OMS), que, desde 1893, había llegado a su versión CIE 11 de 2022. Ni siquiera la Convención internacional de Derechos de Personas con Discapacidad (CDPD) de 2006. Ni falta que le hacía. De haberlos conocido, su misión consistiría en cambiar el nombre de los trastornos y las enfermedades por colores y en fijarse más en la persona y menos en su categoría predefinida.

–¡Menos etiquetas y más colores! –así lo hubiera expresado él, a su modo.

Las mismas asociaciones anteriores fueron adaptándose a las realidades y, aunque aún no había calado del todo en la sociedad, hablaban de patrones derivados de las afectaciones, del desarrollo y de las conductas. Y es que a Magopintor le habían diagnosticado síndrome de Asperger, el cual, con las actualizaciones de 2022 de la APA y de la OMS, pasó a englobar el amplio grupo de Trastornos del Espectro Autista (más conocido por TEA), que Magopintor sí conocía por haberlo escuchado en diferentes ocasiones a sus padres.

El peligro de usar la sigla TEA radica en olvidar u obviar que se trata de un trastorno o desorden que conlleva un espectro o abanico de comportamientos autistas que hacen a cada uno singular e irrepetible. Curiosamente, el término "espectro" en el mundo del cómic se refiere a un antihéroe. Otra acepción del mismo es "figura irreal e imaginaria", es decir, un fantasma o una aparición. Cuando dicho término se aplica a personas, toma el significado de delgadez extrema y físicamente decadente.

Sin embargo, Magopintor era todo lo contrario a las anteriores definiciones. Sin lugar a duda, se trataba de un superhéroe real, lleno de vitalidad y con algún kilito de más.

Y es que ese era otro error: emplear solo el concepto de TEA, sin saber que refiere a una persona que lo presenta, pero no en todo lo representa. Todo lo anterior, restaba o eliminaba la singularidad y la esencia propias de cada individuo.

¡Paradójico! Cuando la persona debiera ser lo primero –pensaba Magopintor.

Su sueño o, como dicen los superhéroes, su misión consistía en lograr que todo el mundo tuviera las mismas oportunidades. Buscaba la equidad y que los únicos límites fueran las posibilidades de cada cual:

–¡Todos iguales, pero todos diferentes! ¡Menos estereotipos, prejuicios, discriminación y exclusión, y más comprensión, equidad, normalización e inclusión!

A esto lo llamaba inclusión de todas las personas, de todos los colores, de ahí su nombre.

No era una misión secreta, aunque sí innata, extraordinaria, superior a lo terrenal, la cual provenía de su fijación por los detalles, en su caso, inclusivos. Quizá, en realidad, su magia derivada de su TEA y la gota de agua, en forma de nieve, sólo fue su alimento, como las espinacas para Popeye el Marino o la poción mágica para Astérix y Obélix.

Ciertamente, su madre siempre lo había visto como un don natural y su padre quedaba sorprendido de las capacidades que poseía.

¿Cómo era posible? –habías compartido en ocasiones sus padres, en privado.

Una psicóloga les dijo que muchos personajes célebres presentaron TEA: grandes científicos (Isaac Newton y Albert Einstein), músicos (Ludwing van Beethoven y Amadeus Mozart), actores (Woody Allen y Anthony Hopkins), y empresarios (Bille Gates, Elon Musk). Y que, aunque resultase curioso que todos estos famosos fuesen hombres, no se trataba de una discriminación sexista, sino de un trastorno que tiene más prevalencia en hombres que en mujeres. Aunque es cierto que las mujeres célebres en la historia han sido menospreciadas y ocultadas. Esto también lo veía Magopintor como un punto a corregir.

Para sus padres, Magopintor era tan especial como estas celebridades. Estaban convencidos de que su hijo sería un superhéroe.

Magopintor tenía entre sus científicos preferidos a Einstein. Le llamaba la atención los distintos colores por los que pasó su pelo, además de su excentricidad e ingenio. Aunque Magopintor no añoraba el Premio Nobel, sí soñaba con ser recordado como Einstein, sobre todo por sus ideas y aportaciones.

–¿Lo conseguiría? –se preguntaba.

Pensaba en aportes concretos, sencillos, diarios, personales, porque los pequeños detalles son los que cambian el mundo.

–Si sabes bien las cosas, las haces sencillas. Y cuando se complican, se debe a que, por alguna razón, se nos induce a pensar y creer que parecemos más eruditos. Pero no es así. Si algo se hace fácil, es porque se sabe bien –lo explicó Einstein, en su momento.

También tenía muy presente a Hopkins, porque pensaba que contribuía a su causa. Leyó una vez una frase suya que decía: Sabrás lo precioso que es porque has experimentado lo que no es". Magopintor había vivido en un mundo que no le gustaba y quería otro, donde todos fueran bien acogidos.

Otra frase de Hopkins aportaba a su misión: "Lo más valioso que tienes en la vida es tu tiempo y tu energía, ya que ambos son limitados". Él hacía corresponder el tiempo con su sueño y la energía con sus poderes. Así que debía calcular muy bien y rodearse de las personas adecuadas, porque como expresó el actor Woody Allen: "Cuando empiezas a luchar por una vida con alegría, interés y compromiso, no todo el mundo estará listo para seguirte a ese lugar".

Aunque para muchos, y a diferencia de otros superhéroes, él no era perfecto. Y quizá no lo fuera, nadie lo es, pensó. Había recapacitado a menudo sobre los prototipos, las categorías y los prejuicios. Lo tenía claro: suponían una gran amenaza para su misión, la inclusión de todos en la escuela y en el mundo en general. Pensaba que eran como la kryptonita para Supermán: un inhibidor de su poder, o el talón de Aquiles para Hércules. Ésta era su teoría. Había pensado en los prototipos cuando se trataba de coches de fórmula uno. Y no para las personas, donde no existen prototipos, a pesar del empeño de buscar categorías para algunas de ellas, con nombre y apellidos, como el de TEA (nombre) por síndrome de Asperger (apellido). Y menos aún soportaba los prejuicios, esas falsas concepciones que tenían los demás sobre él y sobre otras personas. Anotó una vez, en su diario, que los prejuicios eran como la poción que convertía al doctor Jekyll en el malvado míster Hyde, o como la furia que transformaba al increíble Hulk.

Aún no había descubierto, pero pronto lo haría, que una de las incontestables características esenciales del ser humano (aunque también aplicable a cualquier ser vivo) es la neurodiversidad, que configura a cada cerebro como único e irrepetible. Se debe no sólo a la genética sino a la realidad que cada uno vive y experimenta, que hace modificar constantemente su cerebro, lo que se ha denominado neuroplasticidad. En realidad, es la base del aprendizaje y la consecuencia a la vez: cambios en las neuronas y, sobre todo, en las conexiones entre ellas, lo que se ha denominado sinapsis. Magopintor pensó en la siguiente circscunstancia:

–Todo lo que acontece en nuestras vidas depende de nuestro cerebro, menos nuestro cerebro que depende de nuestras vidas.

Años más tardes, leyó una frase que le recordó a esta del famoso neurocientífico Ramón y Cajal que decía así: "Todo hombre, si se lo propone, puede ser escultor de su propio cerebro".

Aunque le parecía algo machista por no incluir a la mujer, le resultó muy útil para comprender no sólo el término anterior de neurodiversidad, sino también el de neurodivergencia, más aplicado a aquellas personas cuyo funcionamiento cerebral se diferenciaba de los demás. Prefería esta forma de concebirlo a otra que había leído como aquellas personas que se desvían del patrón neurotípico. No obstante, aun así, asumía la diferencia y la entendía necesaria, porque como expresó en una ocasión:

–¡La igualdad comienza con la aceptación de las diferencias y su tratamiento equitativo y justo!

Todo lo anterior fue descubriéndolo paulatinamente, como el hombre invisible o el hombre araña fueron descubriendo y controlando sus poderes respectivos de desaparecer para hacerse invisible y de desplegar sus telas de araña.

Y es que, a pesar de todo, y sin que nadie más lo sospechase un superhéroe, el mayor de todos los tiempos, porque a su fuerza natural individual, se unía el entusiasmo con el que contagiaba su misión a los demás. Y así se hacía invencible y poderoso. Y, es que, a diferencia de otros superhéroes, el éxito de su misión dependía de todos y no solo de él. Y entonces, esa fuerza se convertía en sobrenatural. En su interior, llevaba un lema que marcaba sus acciones:

–Estoy convencido de que todos unidos en mi sueño somos eternamente invencibles frente a la exclusión reinante. Estoy rodeado de superhéroes que me quieren ayudar en la misión de inclusión completa, solo que aún no lo saben, ni saben cómo. Ellos son los superhéroes y yo, su conciencia, que convertiré en conciencia colectiva –se decía a sí mismo.

Bueno, sabía que la inclusión era algo muy grande y decidió que debía empezar por la inclusión educativa. Concretamente, su misión comenzaría por las familias y las escuelas o las "Famiescuelas", como él las llamaba.

Si lo conseguía, tendría el mayor trabajo realizado, porque el resto de los contextos se inundarían de inclusión, por extensión.

A menudo se oía su lema:

–Todos somos capaces y especiales –repetía continuamente Magopintor.

Como cualquier mago y superhéroe, contaba con un asistente, un ayudante. Era su mejor amigo, su incondicional colaborador. Lo llamaba el mago blanco, Magoblanco, por la pureza de su colaboración y por ser la base para la creación de las diversas tonalidades. Siempre secundaba el lema. Aunque como él tampoco era perfecto, pues le habían diagnosticado Trastorno Específico del Lenguaje (TEL), el lema sonaba diferente:

–Todosomos capacespeciales –pronunciaba, de corrido, Magoblanco.

A Magopintor le gustaba cómo sonaba, incluso lo prefería al original. Le parecía más carismático y contagioso.

–Magoblanco es mi primer superhéroe –pensó entonces.

Centraba su atención en cada colegio que veía, empezando por el suyo, así como en sus inmediaciones.

–¿Cómo hará nuestro compañero con movilidad reducida para entrar en ese colegio, si no existe rampa? ¿Y cómo lo conseguirá una estudiante con ceguera o baja visión si no dispone de barra o baranda guía? Y, si tiene discapacidad auditiva, ¿cómo hará para oír la sirena o señal del recreo o de fin de clases? –preguntaba mentalmente.

Figura 7. Barrera física escolar como elemento o constructo discapacitante

Desplegaba sus poderes de la siguiente manera. Advertía y denunciaba esta discriminación siempre que ocurría y, entre todos, buscaban una solución. Bueno, eso y grandes dosis de deseo de solución, concentración y un toque mágico de la varita de la actitud al grito del lema:

–¡Todos capacespeciales!

Sí, a la varita mágica de los poderes la llamaba "Actitud" y a los resultados "Incluprogresión". Con el tiempo, concretó su denominación como DUA, que se extendió a nivel científico y legal.

La primera vez que le funcionó fue al llegar al colegio con sus padres. Se lo dijo a su mamá, quien lo escuchó sin poder pronunciar palabra alguna, hasta que por fin reaccionó, apoyándole:

–¡Uy! ¡Cierto! ¿Y cómo entrará un niño con autismo con ese ruido tan desagradable de bocina? –replicó preocupada.

Su mamá sugirió cambiar esa sirena malsonante por una melodía agradable, combinada con un panel con iluminación acompasada. Ciertamente, beneficiaría a los alumnos con autismo y también a los que presentaban sordera e hipoacusia. Lo exigió y consiguió con la ayuda de la directora del centro.

En realidad, todos se beneficiarían de esa medida tan agradable, aun sin trastornos ni discapacidad. Por ejemplo, varias alumnas pequeñas que le tenían pánico a la sirena, porque les sonaba muy fuerte, y que quizás mostraban hiperacusia o hipersensibilidad; o esos niños que disfrutaban jugando cerca del altavoz y se quejaban porque les retumbaban los oídos. Y, particularmente, a una chica que era mayor, pero a quien también le daba pavor aquel sonido, pues le recordaba a la sirena de los bomberos de aquella vez que se incendió su casa, causando algunas heridas a sus papás y daño al mobiliario.

El padre de Magopintor atendía igual de concentrado que su madre y añadió otra barrera o elemento discapacitante.

–¡Y los transportes no pueden recoger a algunos niños con silla de ruedas! –¡Deben disponer de unas escaleras automáticas! ¡Y los edificios de ascensores! –indicó con un tono firme. Una reivindicación que hizo llegar a las Naciones Unidas y que posteriromente sería tomada en cuenta en su Convención Internacional.

Magopintor pensó que ello beneficiaría a todos: ancianos, embarazadas, mamás y papás con bebés, personas con excesivo sobrepeso, etc. Entendió, entonces, mediante tal heurística, aquello que había leído una vez: "La discapacidad es un constructo o construcción social". Luego, no es la condición interna la que genera discapacidad, sino las condiciones externas. O, quizás, ambas afectaban. Pero reforzó el pensamiento de que las escaleras, los peldaños y los escalones de los transportes (como advirtió su papá) hacían discapacitados a esos ciudadanos, y no la silla de ruedas, la edad, la barriga de la embarazada, los bebés, la obesidad, etc. Recordó haber leído también un concepto que ahora dotó de significado absoluto: "Barreras para el Aprendizaje y la Participación", al que hizo corresponder con lo anterior, pero aplicado al aula. Le invadió un sentimiento de reconocimiento y agradecimiento hacia todas las personas que le hablaron de estos temas, especialmente hacia su madre y su padre; y que le ofrecieron esas lecturas, especialmente hacia sus maestros y profesores. Fue más consciente que nunca del impacto de sus mayores en su personalidad y actitud. Algo que ya María Montessori había explicado con anterioridad: "Siembra buenas ideas en los niños, aunque no las entiendan..., los años se encargarán de descifrarlas para su comprensión y hacerlas renacer en su corazón".

Ninguno de los tres, ni Magopintor, ni mamá ni papá quizás conocían que las soluciones que estaban planteando tenían un nombre científico: "Accesibilidad Universal". Sin saberlo, estaban contribuyendo al "Diseño Universal" del colegio y su entorno. Diseño Universal que luego tendría su propia plasmación en el aprendizaje, como se verá más adelante en este sueño, o sea... cuento.

En suma, Magopintor fue consciente de inmediato de que sus padres eran superhéroes: Magamamá y Magopapá.

–¡Uf!, con ellos unidos a mi causa podremos lograr grandes éxitos inclusivos –se decía en voz baja–. Éxitos que, desde entonces, no dejaba de ver por su entorno escolar.

Ese día fue muy productivo. Ya en el recreo, persuadía a todos de que la inclusión empezaba en la entrada misma al centro, en el entorno del edificio, en su frontera con el exterior. E ideó:

–Dibujemos el alfabeto de la lengua de signos en una pared del colegio y el sistema pictográfico en la otra, con imágenes que hablen.

Figura 8. Exterior inclusivo de un centro educativo como preludio para la inclusión

Más rápido que un rayo, su mejor amigo, Magoblanco, apoyó la idea añadiendo que en otra se escribiera el alfabeto Braille. Sí, ese sistema puntiforme en relieve que el pedagogo con ceguera Louis Braille había ideado a su corta edad de 16 años para poder comunicarse por escrito (solo para leer y escribir textos), pues lo demás podía hacerlo. Recordó que le hablaron una vez de una escritora con sordoceguera, Hellen Keler, que escribió en *El mundo donde vivo*:

es más difícil enseñar a pensar a un ignorante, que enseñar a imaginarse el Niágara en su magnificencia a un ciego inteligente. He andado con personas cuyos ojos están llenos de vida, pero que desgraciadamente no saben descubrir nada en un bosque, en el mar, en el cielo; nada en las calles de la ciudad y, lo que es peor, nada tampoco en los libros.

Otra compañera, que al parecer decía tener autismo, centró su atención especial en que faltaba una pared. Y, con una comunicación particular más orientada a ella misma que a los demás, expresó:

–Falta una pared, ¿qué ponemos en ella? ¡Pongamos un mural con elementos de distintas culturas y religiones, todas en perfecta armonía y convivencia!

Entonces, sin saberlo, aunque Magopintor sí, nació otra superheroína. En su mente la distinguió como su Magarroja. Solía llevar una felpa en el cabello de color rojo, que le valió su apodo de superheroína.

Tal era la expectación, que otro compañero con Trastorno por Déficit de Atención e Hiperactividad (TDAH) combinado con Trastorno Grave de la Conducta (TGC) despertó enérgicamente su atención y dijo:

–Podemos enriquecerla con el lenguaje de las emociones, ese gran olvidado...

–Magnífica idea y, aún más, magnífico superhéroe el que se acababa de incorporar: Magoazul –se dijo Magopintor.

Tenía unos grandes ojos azules en una mirada a veces perdida –pensaban sus compañeros. Aunque realmente solo buscaba su foco de interés, que bien podía ser el mundo nuevo que Magopintor les estaba dibujando y contagiando. Una vez captado para la causa, sería todo un éxito, dada la alta capacidad que puede alcanzar el alumnado con TDAH.

Era un muchacho alto, como Michael Jordan, Will Smith y Jim Carrey quienes curiosamente también habían sido diagnosticados con TDAH. Aunque dada la creatividad y brillantez de su aportación, más bien se hubiera podido asemejar al genio Leonardo da Vinci, de quien se dice que probablemente podría haber presentado, igualmente, TDAH.

De la mano de Magoazul se encontraba una niña con hipoacusia a quien pronto bautizarían en el mundo de los superhéroes como Magaverde. Ella pidió completar las expresiones de las emociones con los gestos faciales y corporales. Con sus vivos ojos verdes, leía en los labios y captaba esos gestos para aumentar su comprensión oral, algo mermada por su problema auditivo. Era un problema progresivo, por lo que se estaba iniciando en la lengua de signos. Así que comprendía perfectamente que se pusiera un apodo a los superhéroes y a las superheroínas. El suyo lo entendió perfectamente, porque así la llamaban en su grupo de aprendizaje de la Lengua de Signos Española (LSE). Además, Magopintor eligió este color para ella, porque el fondo verde era el preferido en las pinturas de Francisco de Goya, que quedó sordo tras una enfermedad. Igualmente, hubo otros famosos con sordera, como el gran científico Thomas Edison e, incluso, el no menos grande compositor musical Ludwing Van Beethoven.

Otra niña, a pesar de su movilidad reducida, soñó con recorrer todo el entorno inclusivo del centro y gritó:

—¡Estoy deseando recorrer el colegio, qué bonito quedará!

—¡Guau! –Magopintor exclamó. Le cuesta mucho caminar y trasladarse, y aun así está deseando hacerlo durante un tiempo para recorrer el perímetro del centro y ver sus paredes inclusivas. Sin duda, será Magamarrón.

La capacidad de esta heroína por observar el espacio le recordó al científico Stephen Hawking (físico y astrólogo), que destacó en el campo del espacio cercano y exterior a pesar de no poder mover más que la cabeza. Aunque dado su género y su voz, evocaba más a la cantante Frida Kahlo, quien padeció problemas motores de cierta consideración, como Magamarrón.

Un alumno que aparentemente no tenía ninguna etiqueta de discapacidad ni trastorno estaba igual de ilusionado que los demás, expresándolo de esta guisa:

–Sí, y hagámoslo todo con muchos colores y texturas. ¡Me súper encanta! Y será útil para comprender mejor a todos los compañeros.

Magapintor lo miró como digno merecedor de convertirse en Magomorado, mientras le invadió una idea profunda:

–Todos tenemos capacidades y discapacidades, lo que pasa es que algunas de ellas se ven y otras no se ven.

Otro estudiante, cuyo profesor decía tener altas capacidades, tomó partido diciendo:

–¡Y ¿no sería mejor que no hubiera paredes para que el colegio quede comunicado con toda la sociedad! ¿O, al menos, que, en lugar de puertas, se dejaran los huecos abiertos por donde todos pudieran entrar y salir libremente?

Enseguida, Magopintor aprobó su propuesta, denominándola "Puertas gigantes abiertas", y lo convirtió en su Magonaranja. Su mente era abierta y ágil, de ahí, quizás, su planteamiento sobre puertas abiertas y contextos flexibles.

De repente, Magopintor pidió máxima concentración a todos y que se tomaran de la mano. Y frotando su varita mágica para cargarla de energía y magia, pidió cerrar los ojos mientras pronunciaban al unísono su lema, el cual adquirió, pese a las edades que tenían, un tono solemne. Y, por arte de magia, todos los magos cargaron las ideas y sus colores a la varita mágica. A continuación, Magopintor dijo que al minuto avisaría para que abrieran los ojos. Mientras tanto, debían imaginar con fuerza lo que habían planeado. Les resultó tan divertido hacerlo, que mantuvieron los ojos cerrados mucho más tiempo, aunque creyeron que había pasado algo menos de un minuto soñando.

Cuando por fin pasó el minuto (o la hora...), pudieron comprobar que el milagro se había logrado, y que su colegio era un escenario multicolor, multicomunicativo y superinclusivo, que a todos enamoró al instante.

Aunque la mayor parte de los sistemas comunicativos estaban representados, una compañera los estuvo valorando al detalle, con actitud crítica. Y dijo:

—¿Y dónde quedan las palabras escritas?

Sus modos no eran los más habituales, dada la alegría que todos manifestaban. Quizá pudiera deberse al trastorno de la conducta que sus profesores le achacaban. Pero a Magopintor le pareció necesaria y óptima la crítica. Se dejó abrazar y coger de la mano por el amigo especial de Magopintor, Magoblanco, para demostrarle que las letras del alfabeto escrito en tinta estaban en todas las paredes. No solo se convenció, sino que se alegró y se congratuló. Magopintor supo que el color negro, tremendamente estigmatizado, era igualmente atractivo, necesario y agradable. Y la llamó Maganegra.

Al día siguiente, siguieron pensando y Magopintor declaró:

–¡Dibujemos también el recreo y la biblioteca, siempre he querido hacerlo! Y con distintos colores, símbolos, pictogramas, emociones, y de todo.

Los demás lo miraron un poco extrañados, hasta que Magoblanco dijo:

–¡Fabuloso, la inclusión no se limita al centro educativo, sino que abarca a la comunidad educativa y contexto social!

Todos juntaron de nuevo sus colores, sus ilusiones, sus poderes y sus manos ante la varita mágica. Y comenzó el proceso: lo pensaron, lo consensuaron, lo desearon y lo lograron. Cierto que también influyeron sus poderes y la varita mágica, ¡claro que sí!, ¿o no?

Al día siguiente (¿o quizá fuese al sueño siguiente?), pensaron que eso mismo debían hacerlo en la comunidad educativa y en la sociedad en su conjunto. Discutieron sobre este tema...

Magonaranja, a pesar de su sobredotación intelectual, no se sentía bien reconocido entre los compañeros de su edad. Algo que parecía común en personas con altas capacidades intelectuales, según había escuchado alguna vez. En esta ocasión, sin embargo, se vino arriba. Los demás seguían sus palabras con interés y señaló lo siguiente, mientras en su cabeza brotaban miles de ideas:

–¡Y qué más!, además de pintar, quiero sentarme en el banco del parque con mi amigo –dijo abrazando a su compañero que estaba en silla de ruedas.

Magopintor visualizó el escenario y, sin dar lugar a que terminara, gritó:

*Figura 9. Diseño Universal de banco para vencer
barreras físicas y participativas*

–¡Genial!, la inclusión no acaba en la comunidad educativa, es un movimiento mayor que implica a las personas de la comunidad y a la sociedad en general.

Magorrosa, un compañero con sordoceguera, explicó que el bastón con cintas rojas significaba que su usuario, además de problemas visuales, tenía problemas auditivos. Y advirtió que había que explicarlo a todo el mundo. Magopintor eligió el color rosa para su nombre por ser el resultante de la combinación del rojo y el blanco de su bastón. Magorrosa añadió un gran valor a la inclusión de la información y la comunicación, la cual depende de la sociedad y de cada uno de sus miembros.

–¡Qué todo el mundo sepa que existen distintos bastones de diferentes colores!: blanco (el tradicional) para personas con ceguera, verde o amarillo para personas con baja visión, no totalmente ciegas, y el rojo y blanco, anteriormente indicado, para personas con sordoceguera!

–¡Y que sepa todo el mundo el valor de la ayuda de otras personas e, incluso, de animales, como los perros guías o los animales acompañantes para personas con depresión o con tendencias suicidas!

Ellos, sin duda, también conformaban el grupo de superhéroes de la inclusión social de personas con necesidades especiales.

Quizá no estaban siendo conscientes del todo de que el conocimiento y la percepción, además de los sentimientos y la predisposición, son las dimensiones constituyentes de la actitud. Pensó en ese algoritmo curioso que su padre refería del legado de Aristóteles y que ahora consiguió entender:

–El pensamiento determina la acción se convierte en comportamiento y puede que en hábito, lo cual configura el carácter, en parte responsable del destino: éxito o fracaso solía parafrasear su papá de la original frase del gran pensador griego.

Magopintor estaba recreándose en lo que estaba descubriendo y entendiendo desde que era superhéroe. También pensó que las palabras anteriores seguramente sonaron mucho más contundentes y convincentes en boca del padre de la filosofía occidental, Arsitóteles. Y que está claro que le hubieran valido para ser nombrado superhéroe de esta historia, junto a sus maestros predecesores Sócrates y Platón.

En tal reflexión retrospectiva, Magorrosa lo devolvió al presente

–¡Ah! Algunas personas con baja visión no precisan bastón, pero sí otras ayudas de los demás, por lo que se ha diseñado un distintivo para ser reconocidas, el distintivo de la Baja Visión.

Figura 10. Distintivo para identificar y considerar
a personas con Baja Visión

Y continuó indicando que existen lugares que hacen reducir sus limitaciones o barreras en lugar de crearlas. Y dijo:

–El mirador de Nápoles (Italia) describe las vistas del lugar en Braille. ¡Hay que conseguir más sitios como ese!

Figura 11. Mirador inclusivo con baranda con descripción
en braille del paisaje

La Accesibilidad Universal o Diseño Universal se ha de imponer y extender en el mundo, hubiera dicho Magopintor.

Pero Magorrosa continuó, sin dar tregua:

–Debe generalizarse los pasos de cebra con mensajes iluminados para personas con baja visión. Y en algunos colegios y en ciertos momentos, debe haber personal de ayuda para cruzarlos.

–En países como España, hay pasos de cebra con mensajes para personas con TEA, y con semáforos auditivos destinados a personas invidentes para hacerlos totalmente accesibles.

Magoblanco tomó la palabra de nuevo:

–¡Pero aún queda mucho por hacer! Me refiero al hogar, los papás y las mamás tienen que apoyarnos.

Todos aprobaron la idea y Magopintor añadió:

–Y aceptar a los hijos y evitar la sobreprotección contraproducente. Yo he convertido a mis padres en Magopapá y Magamamá.

–¡Hagamos lo mismo con todos!¡Y también con los hermanos y abuelos! –dijo Magorrosa.

Magopintor alzó la voz:

–¡No se hable más! Concentración, cierre de ojos, grito solemne del lema, toque de varita y ¡conseguido! ¡Justo a tiempo! –porque se acababa la hora del recreo y tenían que volver cada uno a su aula, donde también tendrían que desplegar sus poderes para mejorar la inclusión.

En la clase de Magopintor, el profesor estaba expectante porque había escuchado el debate, que le pareció muy loable e interesante. Se lo comunicó así a Magopintor y no quiso perder la oportunidad de participar de ese nuevo mundo que se estaba creando entre sus alumnos. Se unió, comprometiéndose de la siguiente manera:

–Aunque todo lo que decís es muy bueno, la inclu-sión, sin lugar a duda, comienza con el docente. –Hizo de nuevo un gesto de aprobación a Magopintor.

Las altas capacidades de Magopintor, rasgo asociado a su síndrome de Asperger, y su impulsividad comunica-tiva precipitó su respuesta:

–¿O termina?, según se mire.

Pero finalizó con otro gesto de aprobación y agrade-cimiento hacia el docente. Nadie duda de que pasó a ser su Magogrís, en honor a su pelo ya canoso por los lados y el flequillo. Cabello que no tuvo reparo en cortar por completo, al día siguiente, para solidarizarse con una alumna con leucemia que había perdido el suyo. Y así, con más razón, se ganó el nombre de Magogrís.

Cerraron la comunicación gestual que mantuvie-ron cuando Magopintor levantó de su pupitre la varita mágica de la actitud y se la mostró al docente mientras cerraba lo ojos en un gesto inconfundible de complici-dad. Había otorgado los poderes al profesor, o sea, había contagiado al profesor Magogrís.

Como percibió de repente sus poderes, en un intento de demostrar actitud y sabiduría, el docente continuó:

–Me comprometo a diseñar un currículo inclusivo, donde lo importante y primero sean mis alumnos y sus necesidades, y lo secundario y prescindible el libro de texto y los exámenes.

No dijo todo lo que pensaba, aunque pensó bien lo que dijo, y dejó en su mente algunas palabras como di-versidad, neurodiversidad, NEE. E, incluso, medidas para trabajar, como adaptaciones o adecuaciones curricula-res y el diseño universal de aprendizaje. Eran un equipo, cada cual tenía su rol, y ese sería el suyo. Se lo debía a todos, se lo debía a Magopintor y contaba con la varita mágica de la actitud.

Al contrario que Magopintor y sus padres, Magogrís sí sabía que se estaba generando un Diseño Universal que ahora se apellidaba de Aprendizaje (DUA). Ciertamente, se trataba de la plasmación del Diseño Universal al Aprendizaje, promovido por unos compañeros del profesor de la fundación CAST en 2008, al que denominaron (UDL).

No se olvidó del tema de los recursos, a veces específicos (Figura 12), necesarios para unos y ricos para todos.

–Es la esencia del DUA –pensó el profesor Magogrís.

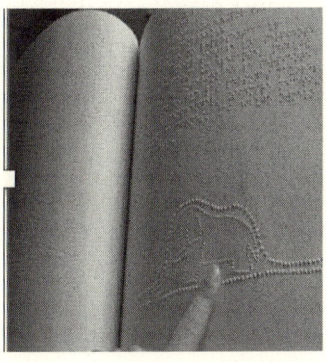

Figura 12. Libro de "El Principio" con texto y también dibujos en Braille

Y también repensó, con cierta pena y hasta vergüenza, el uso inadecuado de recursos que él mismo había utilizado o que otros docentes emplearon (Figura 13). Asimismo, pensó en el desconocimiento de otros recursos didácticos y tecnológicos. Y lo fácil que podría resultar aprender su empleo y las grandes ventajas que pudieran conllevar con su alumnado.

Figura 13. Pizarra con demasiado texto como para ser recurso didáctico

Cuestionó su formación y su experiencia. Y la de otros. Tampoco los docentes que le precedieron y coetáneos lo hicieron del todo bien, porque no se cuestionaban ni aun menos proporcionaban múltiples formas de:

- Motivación y compromiso (para captar la atención de todos).
- Representación (es decir, elementos visuales, auditivos y otros que facilitasen la captación de la información de una forma más eficaz y sencilla).
- De acción y expresión (al no tener en cuenta al alumnado con alguna dificultad para hablar).
- Implicación (por la ausencia de adaptaciones curriculares para aquellos que lo necesitaban, utilizando idéntico currículo para todos).

Magogrís estaba reproduciendo la aplicación de las tres "P" (de presencia, participación y progreso) sobre la inclusión, que algunos grandes pedagogos y docentes (como él) habían manifestado para la consideración de un aula y centro inclusivo. O se daban las tres o no era realmente inclusión, a pesar de los esfuerzos de Magopintor y de su equipo. Magogrís sintió en su interior la importancia capital y responsabilidad final de la educación inclusiva. De ahí que la varita de la actitud para los docentes también fuera imprescindible.

Y aunque, desde hacía rato, todo estaba aconteciendo en su cabeza, se oyó su propia voz:

–¿Quizá la discapacidad (hizo una pausa entre 'dis' y 'capacidad') la haya creado yo? ¿O quizá el trastorno no exista? –volvió a hacer una pausa entre 'trastor', 'no' y 'no exista'.

Inmediatamente, lo que había sonado a negación del problema fue disimulado por la disfemia o tartamudez que el docente presentaba desde su adolescencia. Alguien había dicho de estas personas que piensan más rápido de lo que pueden hablar. Otros, que existe una predisposición hacia ello, que puede consolidarse con el ambiente inadecuado.

Las dudas se disiparon al observar en sus alumnos expresiones de aprobación mayores que las que mostraban cuando les daba las notas y todos habían aprobado.

Tras la aclaración y reflexión, pasó el tiempo y el profesor tuvo la gran oportunidad de participar en organismos y convenciones internacionales de la Naciones Unidas por los Derechos de las personas con discapacidad, donde se dignificó a todas estas personas. Fue el mago de la investigación y la difusión de la Inclusión Educativa. Investigación que ha de ser acompañada de la acción. A ello se le denominó Investigación-Acción. Implica acometer procesos de indagación para conocer bien a todo su estudiantado, sus necesidades y sus potencialidades para actuar en consecuencia tanto en el aula como en el centro y su contexto.

Magopintor y sus compañeros habían conseguido que el maestro reflexionara sobre su práctica para mejorarla. Así, adaptó fácilmente recursos como, por ejemplo, el teclado para el niño que usaba la Lengua de Signos (Figura 14).

*Figura 14. Teclado de computador con teclas
en alfabeto de Lengua de Signos*

–¡Es la mejor formación o autoformación posible!, pensó Magogris. La había leído como Reflexión Sobre la Práctica y para la Práctica, aunque las memorizó por sus siglas RSP y RPP, respectivamente.

Ese día y los sucesivos constituyeron el germen para que uno de los alumnos (el de altas capacidades, Magonaranja), años después, ideara un aparato que permitió a su compañero con movilidad reducida usar el ordenador y comunicarse con otras personas. Su amigo con trastorno conductual le ayudaba, muy ilusionado, con los dibujos, dado su talento. Y mejoró también su comportamiento, al sentirse aceptado y estimado.

Y otro milagro más, los padres de Magoazul, con supuestos problemas conductuales, asistieron a tutorías para celebrar este progreso con el profesor e interesarse por el programa. Aunque el padre presentaba TDAH, como su hijo, escuchó al profesor poniendo toda su atención. Y, al comprobar no solo las ventajas sino el potencial del proyecto, lo financió en su empresa tecnológica de innovación.

Entretanto, el profesor seguía reflexionado sobre la evaluación, dimensión muy importante en este proceso. Decía:

–Debe ser continua, procesual, orientada al aprendizaje y auténtica, que valore lo realmente útil para cada uno sobre todo las actitudes, los valores y las competencias. Y no orientada a suspender, repetir y sancionar, pues en tal caso sería algo destructivo y no constructivo. Parece una idea lógica. Como también lo es que si todos son distintos, por naturaleza, la evaluación de cada uno también debería serlo, ¿verdad?

Y continuó con sus reflexiones. A los componentes mentales, decidió añadir el emocional y el volitivo en su práctica docente. Y pensó:

–Debo contar esto a mis compañeros del centro y escribirlo para los demás.

De repente, sin saberlo ni así creerlo, se crearon más superhéroes. Se trataba de compañeros a los que contagiaba, que fueron muchos, gracias a los poderes que poseía.

Aunque su directora del centro tenía dislexia, entendió perfectamente el mensaje, una vez superadas las dificultades de descifrar el código escrito. Y compartió con él más información. Esta vez por el canal oral, pues le resultaba más fácil. La directora decidió apoyar toda la didáctica del heroico profesor, el querido Magogrís.

Puede que naciera otra heroína, o puede que no. Desde luego, no sería la primera persona que presentaba dislexia que había logrado destacar. Grandes personajes: Pablo Picasso, Bill Gates, Steve Jobs, y hasta el presidente John F. Kennedy la habían presentado. Para el proyecto de Magopintor se precisaba que fuese tan influyente como ellos.

Y así fue. En efecto, sus logros se extendieron a todo el centro y fueron mundialmente conocidos. El centro se convirtió en referente inclusivo y sus profesores no dejaron de ser admirados. Y ella, a la cabeza, saltó a la fama.

Tanto fue así, que la invitaron a la reunión de expertos, celebrada en 1978, que culminaría con el famoso Informe Warnock (Figura 15), el cual apostaba por la integración de alumnos con NEE, término acuñado en el seno de la misma, y que se expandió mundialmente. Pretendía poner el foco de atención no en la deficiencia ni la discapacidad (términos básicos en medicina, pero no en pedagogía), sino en los apoyos que realmente precisaba cada alumno en su educación, concretamente, aquellos que tenían capacidades muy diferentes. "Capacespeciales", habría pensado Magopintor. Es decir, lo importante era la NEE.

*Figura 15. Imagen de Mary Warnocck, presidenta
del Comité Británico de NEE (1978)*

Vio que tenía mucho que aportar tras la información del profesor Magogrís. Y también acudió en 1994 a la Declaración de Salamanca (Figura 16). En esa ocasión, pidió la compañía del profesor. Ambos asistieron, ya como profesores senior, para comprobar gratamente que se apostó definitivamente por la Escuela Inclusiva que ellos habían promovido. A la indiscutible acogida que tuvo la convención y sus propuestas, se unió que el reconocido científico activista que la defendía en el atril de aquella erudita audiencia. Era el pequeño Magopintor, que ya no era tan pequeño, pero sin duda seguía siendo mago, con su varita de la actitud para la inclusión.

Figura 16. Declaración de Salamanca
en la Conferencia Mundial sobre NEE (1994)

En efecto, el ahora científico Magopintor, desde su atril y en una posición privilegiada, portaba, en lugar de una pluma, una varita mágica, que ahora llevaba en su punta el nombre de Actitud.

Pensó que con la varita mágica de la actitud llegaría mejor al cerebro y, sobre todo, al corazón de su audiencia. Sabía que las emociones y los sentimientos positivos, que se procesan en la amígdala y el hipocampo del cerebro ante cualquier estímulo, impactan sobre el aprendizaje, estimulando la actividad neuronal y creando conexiones sinápticas, produciéndose así el aprendizaje. En caso contrario, las emociones y los sentimientos negativos retrasan, complican y hasta impiden el aprendizaje, incluso bloqueando el cerebro y desactivando las redes neuronales. Magopintor quería generar un buen clima de aprendizaje en ese momento con la ayuda de su varita para que influyera en emociones y sentimientos agradables. Quería dejar huella en el auditorio para que se extendiera la Educación Inclusiva en todos sus contextos.

Tenía la ilusión de que su varita, acompañada de sus palabras mágicas o magníficas, aún mantuviera su poder. Y así fue: Actitud funcionaba como siempre lo hizo, puesto que contagió ahora a una multitud de científicos, docentes y autoridades de todos los países del escenario mundial mágico del color.

Pasaron los años, veinticinco en total, y se celebró una reunión de antiguos alumnos del colegio. Nadie se comparó con nadie, pero todos habían tenido éxito en sus vidas. Y, lo más importante, eran felices. Un detalle más: como estaban rodeados de sus hijos, todos eran héroes, al menos para sus hijos. O, quizás, lo eran de verdad...

Algunos de los magos habían trabajado por la causa inclusiva en la ONU. En 2006 se celebró la "Convención sobre los derechos de las personas con discapacidad" (Figura 17), que, junto a muchos avances en derechos humanos (en particular de personas con discapacidad), ampliados desde la Declaración Universal de Derechos Humanos de 1948 y de Derechos del niño en 1989, ponen en valor la Educación Inclusiva, a la que denomina también personalizada, como derecho mundial humano fundamental para todos y cada uno de los alumnos. Con cierta regularidad, se ha ido progresando, actualizando y adaptando tal derecho hasta la actualidad. Incluso el padre de Magopintor pudo aportar a ella su reclamación sobre la accesibilidad de los transportes y otros servicios sociales.

*Figura 17. Declaración Universal de Derechos Humanos
de las Naciones Unidas (2006)*

Otros la continuaron con su magia en la internacional Organización para la Cooperación y el Desarrollo Económico (OCDE), desde finales del siglo pasado hasta la actualidad. Habían luchado con éxito por conseguir la integración escolar de los niños con NEE y después, un pasito más, su inclusión educativa auténtica. Consolidaron términos sociales como "discapacidad", "desarrollo sostenible" y "barreras sociales", así como otros educativos: "innovación", "excelencia" y "equidad".

*Figura 18. Organización para la Cooperación
y el Desarrollo Económicos (OCDE)*

Otros emprendieron su lucha y su magia en lo que llevamos de siglo en la Organización de las Naciones Unidas para la Educación, la Ciencia y la Cultura (UNESCO), con apuestas por la "diversidad", "políticas inclusivas", "educación para todos", "moderna", "de calidad", de "derecho de todos" a la educación y las "directrices para la inclusión".

¿Y qué fue del colegio? –se preguntaban.

Pues lo habían derrumbado y construido de nuevo. Pero curiosamente permanecían allí las paredes con todos los símbolos inclusivos. En la entrada se vislumbraba un rótulo nuevo con el nombre del centro. Ya no se llamaba escuela especial *Pintor Gaván*; ahora era la escuela de colores *Pintor Mago*. Con el esbozo de una sonrisa y millones de recuerdos, Magopintor pasó un minuto, o quizá una hora, ensimismado, recordando, hasta que despertó por los gritos de unos adolescentes dentro del patio del recreo que le recordó a su equipo, a sus amigos, a sus superhéroes y superheroínas. Pudo entrar al espacio por la gran puerta, aunque se situó en una esquina. Y observó, detenidamente, porque parecía que estaban jugando a la Magia de colores. ¡Sí!, ¡sí!, y así era, la historia de Magopintor y sus superhéroes se había extendido por todas las escuelas y las nuevas generaciones querían seguir jugando y construyendo un mundo de diverso colorido y equitativo para todos.

–¡Guauuuuu!" –se dijo. Y se alegró de estar solo porque no podía articular otra palabra, pero sí notó que la garganta le quemaba de seca y, al contrario, los ojos le impedían ver nítidamente por húmedos, porque segregaban más lágrimas de lo habitual.

Al ser la puerta tan grande, pudo ver al fondo que su amigo Magoblanco estaba en la otra esquina, de una guisa idéntica a la suya.

Se hubieran quedado más tiempo, pero el sonido del recreo, que ahora era una sinfonía agradable de Beethoven acompañada de señales visuales, les hizo despertar del todo y saber que tenían que irse.

Los alumnos miraron sin saber quiénes eran ni qué pretendían. Ellos también miraron hasta que entraron en el centro quedándose solos. Mirando nada o mirándolo todo. Porque, aunque se marcharon los alumnos, en realidad seguían viéndoles, o quizás se estaban viendo ellos mismos hacía veinticinco años.

El último sonido de la novena sinfonía del Himno de la Alegría de Beethoven, ya sin alumnos en el patio, hizo que le viniera a la cabeza que el famoso compositor padeció sordera en su apogeo profesional, de hecho, mientras componía esta novena sinfonía.

Le invadió, también, el recuerdo de que, en realidad, fue su madre quien advirtió que la bocina tradicional del recreo era inapropiada para algunos niños, como los que tienen autismo. Y que otros niños con sordera tampoco podrían percatarse de ella.

Antes de marcharse, cuando a modo de despedida todos unieron sus manos, la varita imaginaria de la actitud volvió a aparecer ligeramente por encima del nido de manos. Quedando en silencio y por arte de magia la varita consiguió un nuevo avance crucial. Elaboraron un documento de petición de Educación Inclusiva como ODS de la Agenda 2030 (Figura 19), creada por las asociaciones internacionales (ONU, UNESCO, OCDE) y otras más (UNICEF, ACNUR, Banco Mundial, UNFPA). En la Declaración de Incheon, celebrada en Corea en 2015, y cuya publicación data de 2016, se profundizó en el aceptado cuarto Objetivo de los 17 totales: "4. Garantizar una educación inclusiva, equitativa y de calidad y promover oportunidades de aprendizaje durante toda la vida".

Figura 19. Objetivos de Desarrollo Sostenibles (ODS)
de la Agenda 2030 (ONU, 2015)

Queda poco para el año 2030. Pero seguro que los antiguos superhéroes y nuevos de esta historia lo conseguirán otra vez. Solo necesitan su varita mágica de la actitud contagiosa para conseguir comprometer y hacer colaborar con su causa al resto del mundo. Visto de esta manera, ahora todos somos superhéroes, todos somos magos, todos tenemos un color irrepetible por el que valemos individualmente. Es la neurodiversidad y neurodivergencia que habían demostrado los neurocientíficos.

Mientras, recapacitado sobre todos los superhéroes de la causa inclusiva, puso en duda algo que una vez leyó y le sonó evidente e inquietante a la vez:

–Las barreras (por ejemplo: las del aprendizaje y la participación -BAP-) y las necesidades (por ejemplo: las educativas especiales –NEE–) superan realmente a los recursos materiales (por ejemplo: didácticos) y más aún personales (por ejemplo: docentes).

Por ello se requiere de la magia de la actitud. Aunque, en realidad, ahora lo pensó a la inversa:

–La magia de la actitud inclusiva consigue tantos recursos materiales y humanos que barreras y necesidades se presentan.

Fue a su casa. De camino, comprobó que los transportes estaban adaptados para todas las personas. Fue el deseo de su papá, que ahora, por su avanzada edad y una enfermedad ósea, iba en silla de ruedas haciendo él mismo uso de dichos medios.

Entró a su hogar familiar. Ese día durmió plácidamente. Había pasado toda la noche soñando, en su dormitorio, en su cama junto a su varita. Por alguna razón, quizás por la retrospección a su niñez, durmió y soñó más que de costumbre (quizá su fase REM, donde se producen los sueños más reales, superó a las otras fases del sueño, aunque no sea lo habitual). Tanto es así, que le costaba discernir si lo ocurrido era un sueño estupendo o una mágica realidad...

En efecto, de repente Magopintor notó que había despertado. Palpó a su lado pero no alcanzó su varita. Experimentó un sobresalto.

–¿Cómo? ¿Todo había sido un sueño? ¡Todo había sido un sueño! ¿Sí? ¡Sí! –pensó.

Y se oyó su propia voz decepcionada:

–¡Todo ha sido tan solo un sueño! ¿En serio?

Así era, así fue. Pero también pudiera ser real. Porque, a veces, cuando se cree y se busca lo que se sueña, se hace realidad. Porque en un mundo mágico, los sueños y la realidad existen a la vez.

Luego, ¿acaso fue un sueño y despertó pletórico de felicidad abriendo los ojos al nuevo mundo? ¿O era la realidad lo que estaba soñando con los ojos cerrados del alma? O, por el contrario, ¿era un libro que estaba leyendo con los ojos de la imaginación? O quizás, ¿era él el autor y protagonista de un libro que estaba escribiendo desde el corazón? Los ojos de cada uno al despertar no ven el mundo como tal, sino múltiples posibilidades en él.

Sueño de libro o libro de sueño, la realidad es un sueño si se cree así. Sea como fuere, la realidad y el mundo exterior son reflejos directo de la actitud y el mundo interior de cada persona.

¡Colorín, colorado... la inclusión ha comenzado! Y fueron felices, sintiéndose aprendices.

Rᴇғᴇʀᴇɴᴄɪᴀs ʙɪʙʟɪᴏɢʀᴀ́ғɪᴄᴀs

Ainscow, M., Booth, T. y Dyson, A. (2006). *Improving Schools, Developing Inclusion*. Routledge.

Barton, L. (2006). *Overcoming Disabling Barriers*. Routledge.

Belmonte, M.L., Fernández, N. y Mirete, A.B. (2023). Cuentos para la inclusión y el cambio de actitudes. *Revista Brasileira de Educaçao, 28*, e280027, 1-19. https://doi.org/10.1590/S1413-24782023280027.

Booth, T. y Ainscow, M. (2011). *Index for Inclusion: developing learning and participation in schools (3rd ed.)*. Centre for Studies in Inclusive Education (CSIE).

CAST (2008). *Universal Design for Learning Guidelines. Versión 1.0*. MA: Author. https//udlguidelines.cast.org

CAST (2011). *Universal Design for Learning Guidelines. Version 2.0*. MA: Autor. https//udlguidelines.cast.org

CAST (2014). *Universal Design for Learning Guidelines. Version 2.1*. MA: Autor. https//udlguidelines.cast.org

CAST (2018). *Universal Design for Learning Guidelines. Version 2.2*. MA: Autor. https//udlguidelines.cast.org

CAST (2024). *Universal Design for Learning Guidelines. Version 3.0*. MA: Autor. https//udlguidelines.cast.org

Consejería de Educación y Deporte (CED) de la Junta de Andalucía (2021). *Guía de Puntos de Verificación DUA en eXeLearning*. http://agrega.juntadeandalucia.es/

repositorio/07032021/1b/es-an_2021030711_9200503/zip/crditos.html.

Gallego, J.L. y Rodríguez, A. (2016). *La alteridad en educación. Teoría y práctica.* Madrid: Pirámide.

Gallego, J. L. y Rodríguez, A. (2021). Teaching Attitudes towards Students with Disabilities. *Mathematics, 9*(14), 1637. http://dx.doi.org/10.3390/math9141637.

Likert, R. (1932). A technique for the measurement of attitudes. *Archives of Psychology, 22*(140), 5-55.

OCDE (2014). *Equity, Excellence and Inclusiveness in Education: Policy Lessons from Around de World.* OECD.

OECD (1994). *The integration of Disabled Children into Mainstream Education: Ambitions, Theories and Practices.* OECD.

OECD (1995). *Integrating Student with Special Needs Into Mainstream Schools.* OECD.

OECD (1999). *Inclusive Education at work: Students with Disabilities in Mainstream Schools.* OECD.

OECD (2003). *Disability in Higher Education.* OECD.

OECD (2008). *OECD in brief. Ten steps to Equity in Education. OECD Observer.* OECD.

OECD (2012). *Equity and Quality in Education: Supporting Disadvantaged Students and Schools.* OECD.

OECD (2013). *Innovation and inclusive development. Discussion Report.* OECD.

OCDE (2014). *Equity, Excellence and Inclusiveness in Education: Policy Lessons from Around de World.* OCDE.

OECD (2018). *Equity in Education. Breaking Down Barriers to Social Mobility.* OECD.

OECD-PISA (2017). *Preparing our youth for an inclusive and sustainable world. The OECD PISA global competence framework.* OECD.

ONU (1994). *Declaración de Salamanca y marco de acción sobre Necesidades Educativas Especiales. Conferencia Mundial sobre Necesidades Educativas Especiales. Acceso y Calidad,*

UNESCO. https://sid.usal.es/idocs/F8/8.4.2-1366/8.4.2-1366.pdf.

ONU (2006). *Convención Internacional de los Derechos de la Personas con Discapacidad*. ONU. https://www.un.org/esa/socdev/enable/documents/tccconvs.pdf

Rodríguez, A. y Caurcel, M.J. (2020). Análisis actitudinal de las nuevas generaciones docentes hacia la inclusión educativa, *RELIEVE, 26*(1), 1-22. http://doi.org/10.7203/relieve.26.1.16196.

Rodríguez, A. (2021). Comparative study about inclusive education among working and trainee teachers, *International Journal of Inclusive Education*, 10.1080/13603116.2021.1958262.

Rodríguez, A. y Fernández, A. D. (2017). Adultos que conforman menores en una escuela de colores. Actitudes de progenitores y profesores ante la diversidad cultural. *Revista de Investigación Educativa, 35*(2), 465-482. doi: http://dx.doi.org/10.6018/rie.35.2.256371.

Rodríguez, A., Gallego, J. L., Navarro, A. y Caurcel, M.J. (2021). Perspectivas actitudinales de docentes en ejercicio y en formación hacia la educación inclusiva. *Psicoperspectivas, 20* (1), 1-13. https://dx.doi.org/10.5027/psicoperspectivas-vol20-issue1-fulltext-1892.

Rodríguez, A., Navarro, A. y Carrillo, M.J. (2021): Componentes actitudinales de la Inclusión educativa. Instrumentos de medición en distintas lenguas. En C. Moral (coord.), *Una perspectiva histórica de la profesión para el futuro de la educación en didáctica de la lengua y la literatura* (77-90). Comares.

Rosenberg, M.J. y Hovland, C.I. (1960). Cognitive, affective and behavioral components of attitudes. En M.J. Rosenberg *et al.*, (Eds.), *Attitude organization and change* (1-14). Yale University Press.

Stahlberg, D. y Frey, D. (1990). Actitudes I: estructura, medida y funciones. En M. Hewstone *et al.* (Eds.), *In-*

troducción a la Psicología Social (149-170). Ariel Psicología.

Thurstone, L. (1928). Las actitudes pueden medirse. En C. Wainerman (Comp.), *Escalas de medición en Ciencias Sociales* (261-289). Nueva Visión.

UNESCO (1996). *Nuestra diversidad creativa. Informe de la Comisión Mundial de Cultura y Desarrollo.* UNESCO. https://bit.ly/2CnTUqk.

UNESCO (2005). *Guidelines for inclusion: Ensuring access to Education for All.* UNESCO.

UNESCO (2008). *Conferencia Internacional de educación: La educación inclusiva: el camino hacia el futuro.* UNESCO.

UNESCO (2008). *La educación inclusiva. El camino hacia el futuro.* UNESCO. http://www.ibe.unesco.org/fileadmin/user_upload/Policy_Dialogue/48th_ICE/C.

UNESCO (2009). *Directrices sobre políticas de inclusión en la educación.* UNESCO.

UNESCO (2010). *Fomento de una educación moderna, de calidad e inclusiva.* UNESCO.

UNESCO (2014). *The Right to Education: Law and Policy Review Guidelines.* UNESCO.

UNESCO (2015). *Educación 2030: Hacia una educación inclusiva y equitativa de calidad y un aprendizaje a lo largo de la vida para todos.* World Education Forum.

UNESCO (2017). *Guía para asegurar la inclusión y la equidad en la educación.* UNESCO.

Villaescusa, M.I (coord.) (2021). *Diseño universal y aprendizaje accesible.* Generalitat Valenciana.

Warnock, M. (1978). *Special educational needs: report of the Committee of Enquiry into the Education of Handicapped Children and Young People.* Her Majesty's Stationary Office.